AF592974

DUELO
DESAFÍO Y AFLICCIÓN

B. Caceres Maldonado

EDIQUID

DUELO
DESAFÍO Y AFLICCIÓN

Editado por: Corporación Ígneo, S.A.C.
para su sello editorial Ediquid
José Olaya 169, Ofic. 504, Miraflores. Lima, Perú
Primera edición, octubre, 2024

ISBN: 978-612-5160-80-5
Tiraje: 50 ejemplares

Hecho el Depósito Legal en la Biblioteca Nacional del Perú N° 2024-10083
Se terminó de imprimir en octubre de 2024 en:
ALEPH IMPRESIONES SRL
Jr. Risso Nro. 580 Lince, Lima

www.grupoigneo.com
Correo electrónico: contacto@grupoigneo.com | Teléfono: +51 955 071 270
Facebook: Grupo Ígneo | X: @editorialigneo | Instagram: @grupoigneo

Colección: Integrales

Contenido

«ME APAGUÉ UN POCO, PERO VOLVERÉ A SER YO»

DISNEA

Inhala, exhala.
Por favor que esto sea una pesadilla.
Inhala.
Por favor, por favor…
Exhala.
Llora.
Esto está pasando. No puedes hacer nada al respecto.
Llora.
Trata de inhalar.
Duele.
Quisiera que sea una mentira. No es justo.
Duele.

DOLOR TIPO OPRESIVO RETROESTERNAL

No puedo respirar, siento como se comprime mi corazón.

Mi padre se despide de todos. Se rinde. Llora y todos con él.

Quisiera llorar, pero mis lágrimas se atoran, me aprietan el pecho, no puedo respirar. Veo borroso, apenas escucho. Me paro para abrazarlo mientras se despide de mí. Veo a todos a mi alrededor llorar. Los escucho diciendo que sí se puede, que mi papá saldrá de esto.

Duele.

ALTERACIÓN DEL SENSORIO

Hace diez meses me atreví a llamar a una psicóloga. Ella me recomendó ver a un psiquiatra. En menos de una semana me enteré de que tenía distimia. Empecé terapia psicológica y psiquiátrica. Los días pasaban lentos, lloraba y poco a poco entendí que no estaba mal. Dejé de sentir vergüenza por sentirme así, dejé de tener miedo a nada, dejé de estar confundida por todo. Dejé de sentirme pequeña. Tuve a una psicóloga y a una psiquiatra siempre a mi lado. Me enseñaron que debía confiar en mí, en mi familia y en mis amigos. Adopté a una perrita que me ayudó con todo este proceso. Poco a poco sentí que me hacía más fuerte. Veía las cosas más claramente. Sentía que podía superarlo. A veces caía, y me decían que era normal; solo debía levantarme y seguir, y eso hice. O al menos trataba de hacerlo.

Pero la vida es cruel. Apenas dos meses antes de que me dieran de alta, un baldazo de agua fría: mi papá tiene cáncer terminal. En una semana, todo se jodió.

Decidí abandonar la terapia; ya no teníamos dinero. Me encerré en mí misma. He vuelto a tener miedo, he vuelto a estar confundida, he vuelto a...

Pero no quiero abandonarme como antes, y lo intento día a día. Me despierto y veo a Lulú a mi lado y sé que puedo seguir adelante. Me necesitan.

Si no lo hago por mí, lo haré por los demás, al menos hasta que pueda volver a confiar en mí.

RUTINA DIARIA (DISTIMIA)

Me despierto temprano (tengo clases a las 7 o a las 8), pero demoro mucho en levantarme, mucho convenciéndome a mí misma de que debo asistir a clases [no debo avergonzar ni decepcionar más a mi familia].

Bajo a desayunar y me dicen que apesto. Da igual, de todos modos no tengo las fuerzas para bañarme; soy consciente de que apesto, pero realmente no haré nada al respecto.

Termino de desayunar y regreso a mi cuarto. Empiezo clases.

Tal vez una lloradita a media mañana.

Cambio a otro tutor o adelanto mis tareas.

Se pone en modo automático.

Terminan las clases; a pesar de lo lento que pasó el tiempo, ya llegó la hora del almuerzo.

Bajo a comer. Miro la tele; ellos quieren ver fútbol y yo una serie. No nos ponemos de acuerdo. Me enojo.

Termino y regreso a mi cuarto.

Abro mi libro, no sé en qué idioma está escrito; no entiendo nada. Demoro mucho para pasar de un párrafo a otro. No puedo respirar. Otra vez está pasando, aparecen esos pensamientos, me duele la cabeza, se me oprime el pecho, quiero gritar, mis ojos se humedecen, mi cara se moja con lágrimas saladas. Trato de leer el libro, trato de entender qué estoy haciendo. Miro a mi alrededor. Miro el techo. Miro el piso, las paredes. No quiero leer ese maldito libro. Vomito.

Termino de repasar. No quiero bajar a cenar, pero me pongo de mal humor cuando estoy con hambre.

Bajo a cenar. Me dicen que huelo mal, que mi pelo está grasoso.

Termino y regreso a mi cuarto. Veo mi Facebook, leo algo en Wattpad. No tengo sueño, solo tengo sueño durante el día, pero no tengo tiempo de dormir durante el día.

Escucho voces en la calle de gente que pasa. Me paralizo, lloro, tengo miedo. No puedo llamar a nadie de todos modos. Solo quiero que se callen y se vaya quien sea que esté en la calle. No puedo moverme y tengo náuseas. Me duele la cabeza, tengo sueño, pero no puedo dormir; tengo miedo, solo miedo, el más puro de los miedos.

Es de madrugada, me despierto sin ningún motivo en especial, escucho perros ladrar. Aprovecho para ir al baño. No tengo sueño, pero mis ojos arden. Veo mi Facebook, leo algo en Wattpad. Duermo, y lo último que pienso es que, por favor, por favor me quede dormida para siempre. Y me siento culpable y estúpida por pensar así.

Amanece, y maldita sea, estoy viva. Así que a empezar otro maldito día de nuevo.

MENÚ DEL DÍA (DISTIMIA)

Desayuno: Un plato de desgana y cansancio, y para beber, ira caliente con resentimiento hacia todos, sin ningún motivo, sazonado con ganas de gritar y opresión en el pecho.

A media mañana: Lágrimas saladas, desesperación y frustración con golpes en la cabeza como guarnición.

Almuerzo: Divido mi plato en cuatro; un cuarto de náuseas, un cuarto de ira y dos cuartos de ganas de desaparecer. Para beber, un jugo de culpa fresca de vacío, endulzado con tristeza.

A media tarde: Frustración y ganas de gritar. Tal vez lo acompañe de algunas lágrimas saladas.

Cena: Una taza de cansancio y tristeza, en la que remojo el deseo ferviente de que jamás llegue el día siguiente; el maldito deseo de que, cuando por fin logre cerrar mis ojos, no los abra jamás.

(DISTIMIA)

Me pregunté mil veces por qué me sentía así; yo no quería sentir nada de esto. Duele, me quita la respiración, me da náuseas y, a veces, llego a vomitar. Lloro cada maldito día, en cada maldita oportunidad. Me duele la cabeza y me arden los ojos, como si no fuera suficiente tener mala vista. Quiero gritar, pero me trago mis gritos. Deseo tirar y destrozar todo a mi paso, pero solo golpeo mi cabeza contra mi escritorio, clavo mis uñas en mi piel. Voy hacia mi ropero y veo mis hojas de bisturí que me sobraron de anatomía; es una buena opción, pero no me atrevo. Vomito y me siento tan estúpida.

No sé cuántos días llevo sin bañarme, con la misma ropa. Pero realmente no tengo ganas, solo deseo dormir. Pero no tengo tiempo; todo son clases y clases y más clases, o tratar de entender el maldito libro, el maldito artículo...

Los médicos son esto, los médicos son aquello, no estás a la altura, te falta estudiar, los médicos no duermen, los médicos trabajan por y para las personas; si fallas, le fallas al paciente y a su familia.

Pues noticia de último minuto: ya le fallé a mi familia y a mí...

Vuelvo a tener náuseas. Estoy de mal humor, solo quiero que todos se callen. Carajo, quiero que todos desaparezcan, o solo desaparecer yo. Pero no me atrevo.

EL DÍA D

Supongo que me cansé, o estaba muy asustada. No lo sé la verdad, solo sé que no dejaba de llorar. Cogí mis hojas de bisturí; solo sería un corte. Sabía dónde hacerlo, sabía la presión que debía aplicar para alcanzar la profundidad correcta, pero tenía tanto miedo. Incluso soy cobarde para eso. Era de noche. Ya estaban durmiendo en mi casa. Salí de mi cuarto y fui al de mi hermana. Ella se sorprendió de verme así. Solo lloré, y ella me abrazó, estuvo para mí. Le dije lo que sentía, dormí con ella. Pero al despertar solo me sentía débil. Me estaba consumiendo y no sabía qué hacer. Estaba tan cansada.

Me siento tan cansada.

TRAVESÍA

Ni siquiera sé qué pasó, no recuerdo para ser sincera, solo sé que le grité a mi hermana. Es que, maldita sea, gritar era lo único que quería hacer. Eso y dormir. Pero ya no quería seguir así, por favor ya no.

Fui al cuarto de mi otra hermana, le pedí ayuda, le dije cómo me sentía. Me dijo que debía ver a un psicólogo, tal vez a un psiquiatra.

Llamé a una psicóloga, elegida al azar por J, mi *bro*. Ella me escuchó, le dije que necesitaba ayuda. Ella me ayudó. Vino a mi casa, no pude evitar llorar. Ella me tendió su mano.

Fui a un psiquiatra. Empecé con la medicación. Un mes después adopté una perrita. Y así empezó mi larga travesía en la terapia.

PD: Diagnóstico, distimia.

LA SEGUNDA SOMBRA

Podría decir que soy fuerte, que ahora veo las cosas con más claridad. Y tal vez sea cierto. Pero no voy a negarlo, no voy a engañarme a mí misma. Tengo a esta segunda sombra a mi lado, esta que siempre crece cuando me encuentro débil, esta que me recuerda que dejé mis hojas de bisturí en el cuarto de mi hermana, esa sombra que me señala todos los objetos punzocortantes que hay en mi cuarto, esa que me señala todas las pastillas a mi disposición. La que se sienta sobre mi pecho apenas anochece y me acuesto en mi cama. La que quiere arrastrarme a mi cama para dormir durante el día. La que se cuelga de mis pies y vuelve mi cuerpo pesado, la que confunde mi mente.

Si soy sincera, era más fácil cuando ignoraba la presencia de esa segunda sombra, cuando fingía que no existía, cuando dejaba que ella tomara las riendas de la situación. Pero para curarte, de cualquier enfermedad, debes ser consciente de que estás enfermo.

Tal vez nunca me deshaga de esta sombra, tal vez aprenda a vivir con ella. Y no es fácil, por supuesto que no es fácil. Nada en esta maldita vida es fácil.

Duerme a mi lado, apaga mi despertador, me endulza con palabras suaves para quedarme en mi cama, para abandonarme otra vez; ella quiere volver a tomar el control. A veces quisiera dárselo, a veces se lo doy.

Pero cuando todo se vuelve negro de nuevo, cuando vuelvo a sentir todo eso… entonces agarro mi celular y, con mucho miedo, llamo a mi mejor amigo. Ese tonto que sé que siempre está conmigo, a su manera. Aunque haga trampa cuando jugamos dominó.

POSDATA

Aún tengo miedo. Tengo mucho miedo en realidad.

Hay días en los que me gana la ira, pero aprendí a masticar mi enojo sin sentido y escupirlo en el basurero que tengo en mi cuarto para no escupírselo a las personas a mi alrededor que no tienen la culpa de nada.

Hay días en los que me bebo mis lágrimas, dejo que mojen mi cara porque prefiero eso a que quemen mi mente, a que sigan ahogando mi cerebro con pensamientos que sé que no son verdad.

Hay días en los que no tengo fuerza para levantarme, pero Lulú me mira con sus hermosos ojos cafés y me muerde. «Vamos», me dice, o al menos creo que eso me dice.

Hay días en los que siento tanto, y deseo no sentir nada.

Hay días en los que no siento nada, y deseo poder sentir como una persona normal.

Hay días en los que dejo de ser yo, y hay días en los que soy más yo misma.

COSAS NUEVAS

Es curioso cómo se pueden obtener tantas cosas en un periodo corto de tiempo.

Hice una nueva amiga, su nombre empieza con M, y en el poco tiempo que la conozco, ya es alguien especial para mí.

Reforcé mi amistad con J y con Y. Quise más que nunca a J.

Creo que me alejé de dos personas, P y C, pero no estoy segura.

ADINAMIA

Me recuesto en la perezosa que está bajo mi cama. Cierro mis ojos y siento mi pulso golpeando mis sienes. Me siento tan cansada, tan, tan cansada...

Me veo a mí misma, allí recostada con el brazo colgando. Me imagino el escozor del corte profundo, veo el fluido fresco rutilante descender por mi antebrazo, lo imagino cálido, llevándose consigo mi cansancio. Mis miembros se vuelven pesados. Tengo miedo, pero también siento paz. Disfruto de ver cómo la vida está, lentamente, abandonando el recipiente cansado. Un sudor frío cubre la piel seca y sin vida, la palidez acentúa las ojeras y los labios agrietados.

Las lentas notas de la melodía inundan mi mente cansada, incluso desde fuera las escucho, me estremecen.

La muerte acecha mi casa, cada día nos persigue, nos acompaña a la mesa y nos recuerda el porqué de su presencia constante. Nos arropa en nuestras camas y nos da un beso de buenas noches, canta una canción...

—No olvides que hago aquí.

Su melodía me adormece, me llena de culpa, me llena de tristeza...

—Estoy aquí —repite— el tiempo necesario hasta que te acostumbres, hasta que me eches de menos.

Abro los ojos. Escucho a mi padre toser en su cuarto, resiento su dificultad para respirar, su dolor se clava en mis músculos como finas agujas. La muerte masajea mi cabeza, pero la cefalea solo aumenta.

—No te distraigas —me reprende— tienes tareas, puedes lamentarte en la noche entre tus frías sábanas, llora mientras escuchas a Lulú roncar ajena a tu dolor...

Me paro de la perezosa. Mi brazo está intacto. Camino lentamente por mi cuarto, tan cansada. Me siento frente a mi laptop. Mañana debo exponer sobre hepatitis crónica y más tarde sobre enfermedad inflamatoria intestinal. Mis ojos están tan cansados, mis dedos agarrotados. Mis músculos se resienten y se contracturan, tengo náuseas y mucho sueño.

Quiero llorar, pero estoy tan seca… tan cansada.

OJOS QUE NO VEN, CORAZÓN QUE NO SIENTE

Una frase que no tenía mucha significancia para mí, y eso que la escuché muchas veces. Pero ahora sí la entiendo, aunque no sepa cómo explicarla, obviamente.

Mi padre tiene cáncer terminal, y estos últimos días ha estado peor. Está en su cuarto todo el día; allí come, y mi mamá y hermana le suben sus alimentos o cualquier cosa que necesite. Y sí, solo las mencioné a ellas porque yo no lo he visitado desde que se encerró en su cuarto. Es en esta parte en la que espero que las personas juzguen, que deberían decir que debería verlo, que debería aprovechar estos últimos días para demostrarle cuánto lo quiero y cosas así. Soy consciente de todo eso, lo tengo presente cada maldito segundo en realidad; pero ese es el punto de no verlo, que no sé cómo está. No es que no me importe, me importa mucho, sufro cada vez que lo escucho toser, sufro al saber que ya ni siquiera puede caminar. Claro que me importa. Pero al no verlo, duele menos. Ya no veo su piel seca y amarillenta, ya no veo su estado caquéctico, ya no veo la lentitud de su caminar ni su rostro anginoso cuando trata de respirar. Soy cobarde, quizá esa sea la mejor definición para la actitud que tomo.

Si lo que hago está bien o no, eso solo lo determinaré yo. Pero a eso se resume la frase del capítulo de hoy, al menos para mí. Muchas personas actúan diferente, por diferentes motivos, y está bien...

Uno de mis hermanos, AA, cada vez que sale de verlo tiene una nueva «enfermedad», ya sea diarrea o algún cuadro respiratorio. Él se niega a aceptar que mi papá morirá, lo entiendo, pero no estamos en la misma etapa de duelo. Yo sé que morirá, pero aún no lo asimilo. Es un proceso…

Le recomendé que fuera a ver a un psicólogo, me preguntó si le ayudaría, le expliqué que sí, que ellos no juzgan, que realmente te ayudan a entenderte. En ese momento él dijo algo bonito, pero ideal: «Oye, mongola, yo no te juzgaría». Sonrío de lo tierno de sus palabras, porque sé que hasta cierto punto es cierto, pero digo que es ideal porque él no sabe la realidad de mis pensamientos. Solo por eso no dije nada, solo sonreí.

Yo no puedo darle palabras de ánimo; nadie en mi familia está en condiciones de hacerlo, como dicen, entre gitanos no se leen las manos. Cada uno de nosotros está pasándolo como mejor puede, debemos ser fuertes, aunque nos rompamos día a día. Aunque yo los vea cada vez más rotos, debo demostrar… no sé qué debo demostrar, que soy fuerte supongo, que pueden contar conmigo.

Espero que vaya, es por su bien. A mi papá no le queda mucho tiempo, y él debe estar listo para cuando el momento llegue.

Cuando leo lo que escribo, siento frialdad, pero es así como un corazón roto suena. Me pregunto cómo escribiría si decidiera ir a verlo…

EVA 11/10

Hace tres días fue mi cumpleaños. Sinceramente, no sé qué debí celebrar. ¿Un año más de vida? Teniendo en cuenta que nunca quise nacer ni permanecer viva, no sé por qué debería festejar.

En fin, J se olvidó de esa fecha, curiosamente era la que más esperaba.

Me queda exactamente una semana para terminar quinto año de medicina. Mañana es sábado y tengo clases temprano porque a mi doctor no le dio ganas de hacerlas ayer.

Estaba en mi cama, pensando que si me mataba sinceramente no lo notarían hasta que ya lo estuviera, y aun así no lo hice. Me gustaría dejar de ser tan cobarde y hacerlo de una vez por todas.

Mi padre está muriendo en su cuarto, mi hermana no me habla, mi madre cree que es mi culpa. No tengo con quien hablar de esto.

Con el EVA que tengo, necesito la sedación para aguantar, pero no se puede.

Son las cuatro, debo preparar diapositivas para mañana de una guía japonesa que me pasó el dichoso doctor D, y una «simple historia clínica sobre encefalopatía de tercer grado».

—TÚ SABES, SOLO QUE NO SÉ QUÉ TE PASA.

—Usted me pasa doctor, usted, esta vida de mierda y mi cobardía, eso es lo que pasa.

Estaba antojada de torta de galletas, eso quería para mi cumpleaños, pero no me la hice al final.

Necesito encontrar un trabajo para febrero. Creo que si fuera bonita me metería de prostituta. *Guiño, guiño.*

Ya falta poco... pero se siente tan largo.

En marzo debería iniciar sexto, el último año de universidad. Después el internado y listo. Ya sería médico general. Dos malditos años más. Ya me imagino, llorando cansada en diciembre porque otra vez no tuve el valor de quitarme la vida que tanto detesto. Decir que falta poco y empiezo el internado, y cuando este esté terminando, otra vez estaré llorando porque seguramente volví a arrepentirme de lanzarme al vacío. Vivo en la lindera, pero nunca me atrevo a dar un paso más, pero tampoco quiero retroceder. Solo me quedo allí, dejando que las lágrimas se pierdan en el vacío al cual me gustaría tanto caer.

¿Cómo es que no me canso de llorar tanto? O más bien, ¿cómo es que sigo teniendo lágrimas?

Creo que al final de este «diario» colocaré todos los dibujos que hice, los pondré en desorden, pero será muy fácil unirlos cronológicamente. Según yo, demuestran muy bien cómo me sentía cuando los hice.

Pero no sé si este escrito tendrá fin, ni si dejaré algún día de dibujar. Quizá cuando por fin sea valiente y decida dar ese paso. Seré una con el vacío, me uniré a mis lágrimas derramadas, ya estarán frías para entonces, pero amortiguarán la caída. Entonces, en ese momento, dejaré de escribir esto y también dejaré de dibujar. Dejaré de sentirme cansada. Mi EVA será 0/10. Todo será como siempre debió ser.

ANGINA DE PECHO

Mi papá falleció hace dos meses. Supongo que con el tiempo será más fácil, pero por ahora sigo recordando su rostro en *rigor mortis*. Aún lo recuerdo tibio, pero sin pulso. Aún no puedo creer que haya fallecido; es raro. Me mudé a su habitación, sinceramente no sé por qué lo hice. La hice mía, quizá tratando de borrarlo. Conservo algunos de sus libros, en un lado diferente de los míos.

No fui a su velorio, no fui a su entierro ni a su misa de mes. Bueno, él sabía que era atea. Pero igual, supongo que una parte de mí no quiere aceptar que definitivamente ya no está aquí.

La muerte es una cosa curiosa; yo siempre la deseo para mí, pero me cuesta aceptarla cuando les sucede a los demás. Yo no era cercana a mi padre, pero era mi papá al fin de cuentas.

Hoy fue mi primer día de clases, es mi último año... Tengo tanto miedo. El pecho se me oprime, es mi primer día y ya no quiero seguir. Me falta el aire, quiero llorar, tengo náuseas, cefalea y tensión muscular en la espalda. Tengo una tarea que sé que sí puedo hacer para mañana, pero no sé cómo hacerla, estoy bloqueada.

Quiero gritar... es mi último año y no sé qué hice con mi vida desde que salí del colegio, no sé si quiero seguir adelante. Aún me falta el internado, el Serums y la especialidad.

Cuando estaba en primero, ilusa y feliz, quería ser psiquiatra. Y ahora me miro en el espejo y solo quiero dejar de...

Tengo veinticinco años y siento el cansancio de una anciana de 150 años. Tengo el miedo de un niño y la inseguridad de un adolescente.

Me desconozco. La vida se me va con cada respiro, en cada lágrima derramada y por derramar. Ya no quiero seguir, y dejé de saber el motivo por el que sigo. ¿Perseverancia? O quizá simplemente cobardía, siempre me pregunto eso.

Estamos en abril, y ya quiero que sea diciembre… pero ¿para qué? El internado es mucho peor, ni qué decir del Serums.

Mi mamá me dijo que si en verdad no quiero, que me quede como médico general y que estudie lo que quiera que me haga feliz.

Pero es que ni siquiera sé qué me hace feliz.

Me duele.

Me duele.

Duele.

Duele.

Duele mucho.

Mucho.

Mucho.

TAQUICARDIA SINUSAL

Mi corazón salta y baila al ritmo de la ansiedad. Tengo náuseas, quisiera que se vaya la luz o falle el internet. No tengo ganas de hacer clases hoy. No hice mi tarea como debió hacerse, inventaré algo; solo espero que no me grite mucho la doctora. Lo peor de todo es que si me afecta, a pesar de que es por mi culpa.

Ayer le escribí a mi psicóloga, en un intento desesperado de pedir ayuda, pero solo me dijo lo que yo ya sabía, lo que sé y no interiorizo.

Regresé al principio, revolcándome en mi miseria, poniendo excusas para todo, yendo por el camino más intrincado. Poniéndome una venda en los ojos.

Tengo náuseas y mucho sueño, me duele el pecho por el latir exigente de este corazón inútil.

Pero mi mamá no debe quedarse sola, quizá por eso no lo hago. Porque mi mamá no debe quedarse sola.

¿Solo tengo que esperar entonces?

ESPERA

Mis prácticas inician a las ocho, son las 8:52 a. m. y mi doctora no entra, sinceramente eso me gusta ya que no tenía ganas de hacer nada hoy, pero me siento mal porque debería avisarle o al menos preguntarle si está bien, pero no quiero que recuerde que tenemos prácticas.

Es lunes después de Semana Santa y odio las vacaciones entre clases porque hacen que pierda el ritmo estresante y me desconcentro.

Otra vez tengo la sensación de que hay alguien tras de mí, el miedo de voltear. Yo sé que no hay nada, pero es así como lo siento. Otra vez no me estoy bañando, tengo náuseas, me cuesta levantarme... en fin, otra vez... pero no quiero recaer, así que estoy pensando en ir a algún centro gratuito de ayuda mental. Pero tengo que hacerlo sin avisarle a mi mamá, ella ya tiene suficientes preocupaciones como para yo seguir siendo una carga, porque eso soy. Tengo 25 años y no puedo lidiar con mis preocupaciones, al menos eso es lo que piensan cuando les comentas que te sientes triste.

Es interesante cómo la gente puede juzgar así de fácil.

«Esfuérzate», «todo está en tu mente», «te ahogas en un vaso»...

Eso es lo que dicen, y muchas cosas más. Si al menos sus palabras ayudaran en algo, pero no, solo lastiman. La gente está tan herida que te hiere de manera inconsciente.

Sigo esperando, y espero que no entre, espero que mañana cuando amanezca, porque maldita sea, sé que despertaré viva, ya sea fin de año... y todo haya sido un mal sueño.

O al menos un sueño pesado...

No es que no me guste lo que hago, es solo que no puedo disfrutarlo, es como si ya no tuviera la capacidad para hacerlo.

ACV ISQUÉMICO

He cercenado mi garganta de todas las maneras posibles, mi sangre ha escurrido por mi cuello en todas las direcciones posibles, he muerto de una y mil maneras posibles, he movido la cuchilla en mi mano más rápido cada vez, más profundo cada vez, cada vez.

Cada vez.

Cada vez...

Y cada vez he abierto los ojos, y cada vez no había cuchilla en mi mano, por mi cuello no escurría sangre, mi garganta estaba intacta, solo atascada con el nudo de palabras no dichas, mi lengua mordida y mis dientes apretados, cada vez.

Cada vez.

Cada vez tengo el mismo sueño, cada vez la vida me rodea y susurra sus burlas, cada vez la muerte me aprieta el hombro y susurra su lástima.

Cada vez.

Seguiré como cada vez, hasta que decida terminarlo, hasta que alguien lo termine por mí.

OBNUBILACIÓN

Mi psicóloga (ex, ya que abandoné la terapia por x y y razones) me dijo que escribiera para sacar estos pensamientos de mí, para que dejen de atormentarme.

Pero no funciona así, siguen aquí, arañando, quemando, rasgando...

Si tan solo fueran como la mugre que se va cuando te bañas, pero los pensamientos están agarrados, aferrados a mi cerebro, forman sinequias en mi córtex, son parte de mí.

Si intento sacarlos, mi alma sangra con agua salada que sale por las cuencas miopes, pero no se van, solo lastiman más, recordándome que jamás podré deshacerme de ellos.

La intención fue buena, pero no siempre funciona, o al menos no lo hace para mí.

Cada vez que escribo es como un maldito espejo, me reflejo, pero no desaparezco, solo aumentan las desagradables imágenes de mí. Cuando escribo lo que pienso, lo que siento... solo es una imagen más, un maldito reflejo.

DUELO

¿Cuánto dura el duelo?

Mi papá murió hace 41 días, ¿cómo debería sentirme? Sé que murió, pero aún pienso que puede llegar un día... que todo fue una maldita pesadilla.

Es raro, la muerte obra de maneras misteriosas, como alguien deja de estar, tan espontáneamente.

Si tuviera que describirlo, el tiempo de enfermedad serían más de cuatro meses, el duelo fue de inicio brusco, curso progresivo. Los síntomas principales: confusión, dolor sordo, opresivo, urente, lancinante, terebrante, penetrante, tipo cólico, tipo retortijón... exacerba con los recuerdos, calma con el sueño. Escala EVA 15/10, ritmo periódico... Concomitante a este, aparecen náuseas que se acompañan de vómitos de contenido alimenticio o bilioso, depende del estado de ánimo del tracto gastrointestinal... adinamia, abulia, lipotimia...

Pero el duelo no es una enfermedad, es un estado pasajero de aceptación... pero duele como si lo fuera. Duele su malignidad, duele su duración inconclusa... escribiré hasta que mi duelo termine, es el remedio del médico de cabecera.

—Los AINES no funcionarán, optaremos por un tratamiento conservador. Escribirá el mal que le aqueja, tranquila, eventualmente desaparecerá. Regrese en 10 días para un siguiente control. Recuerde descansar, ignore el montón de tareas que mis colegas le dejan como si no hubiera un mañana, ignore sus palabras despectivas y comparaciones inútiles, coma sano y respete los horarios de comida que no tiene porque mis colegas hacen sus clases cuando se les da la gana. No olvide hacer actividad física, el dolor que el ejercicio genera en su cuerpo le ayudará como paliativo para el dolor del alma. Eso sería todo, hasta una próxima cita.

FAWKES

Terminó el almuerzo, estaba a solas con mi mamá, y mis ojos traicioneros empezaron a pedir la ayuda que yo tanto callo.

Mi mamá trataba de consolarme. Sé que solo la lastimo, odio ponerme así frente a ella porque solo la hago sentir triste e impotente, pero no puedo evitarlo.

Puso su mano en mi hombro mientras me calmaba, me dio agua de azahar, y hasta ahora siento su mano cálida en mi hombro.

Tengo que seguir adelante.

—No eres la primera ni la última, estás madurando y por eso sientes frustración. Ya te falta poco, puedes hacerlo.

GALLETA DE LA FORTUNA

En muchos sentidos, tener hermanos mayores es tan perjudicial como beneficioso. Siempre existe la desgracia de que te comparen con ellos, de que te digan cosas que en sus tiempos eran fáciles y en los tuyos no, que te recriminen cosas que ellos ya saben y tú obviamente no. Pero también, justamente todo eso que te sacan en cara, también lo usan para aconsejarte, para guiarte, para consolarte.

Tener hermanos mayores es bueno y malo.

Una de mis hermanas estudió medicina, así que entiende la frustración que siento como estudiante de medicina; mi otra hermana es psicóloga, y ella entiende las frustraciones que siento como persona.

Este fragmento de vida escrita se las dedico en específico a la fortuna de tenerlas. No digo que son perfectas, muchas veces esas dos me han hecho llorar y sentir miserable a niveles catastróficos. Pero con la misma lengua venenosa que me lastimó, también dijeron palabras que me sacaron de la penumbra, me ayudaron a seguir adelante.

M y R.

DESHIDRATACIÓN MODERADA

Llegué de trabajar hace tres horas, y fueron suficientes dos horas y media de pensamientos tóxicamente intensos para volverme una plañidera con instintos suicidas. Estoy segura de que las personas no saben en realidad lo doloroso que es que tu mente te bombardee con frases inconexas y pensamientos penetrantes que te hacen sentir como si estuvieras en el borde de un techo muy, muy alto. Esos pensamientos te empujan para que saltes, pero al mismo tiempo se burlan de ti porque no puedes hacerlo. Veo a mi alrededor y encuentro una y mil maneras de saltar del edificio, pero tengo miedo de hacerlo. Quizá más que miedo tengo vergüenza, después de todo, mi vida no me pertenece... Lo único que pude pagar con mi sueldo fue mi celular y algunos útiles de escritorio, pero después, todo fue con el dinero de mis padres. Cada vez que tengo tantas ganas de saltar de ese edificio, solo recuerdo que no tengo ni ese derecho, porque mi vida no es mía hasta que no pueda hacerme cargo de ella. No soy nadie y no soy nada.

Me pregunto, ¿si fuera a la sala de emergencias a decirles cómo me siento, el miedo que tengo de saltar del edificio, qué me dirán en Triage? ¿Qué prioridad seré para ellos?

Mi cuerpo trata de defenderse de estos pensamientos tóxicos y voy a vomitar, pero solo sale espuma. Los pensamientos se aferran y se niegan a salir. Lloro, pero siguen siendo saladas. La amargura se queda dentro de mí y se niega a salir.

Tómate un tiempo, estás estresada, tu mente está encerrada en una espiral, debes relajarte.

¿Puedo?

¿Realmente puedo relajarme?

¿Tengo ese derecho?

Me duele la cabeza y el estómago, me duele el alma, y eso que jamás creí en la existencia de un alma... Pero si eso no es lo que me duele, entonces no sé qué es lo que se desgarra cada día más en mi interior, en mi mente... Hay algo que se rompe ante mis ojos, que se escapa por mis dedos, que huye en cada exhalación...

Si no es mi alma, ¿qué es?

LARINGITIS CRÓNICA INESPECÍFICA

Cuando escribo esto me pregunto si algún día lo publicaré, y me surge otra duda: ¿quién lo leería?

Estoy a una semana de que inicien mis exámenes finales. No sé nada, y tampoco quiero estudiar. La misma cantaleta de siempre. Tengo miedo, me duele el pecho, no me concentro, me siento tonta.

Mi mamá me dice que respire, que tome agua de azahar.

Tengo prácticas en 40 minutos, sinceramente no quiero hacerlas, ni siquiera sé qué esperar de ellas.

Me siento cansada.

¿De qué me siento cansada?

Mañana es sábado, y lo empezaré y terminaré con clases que mis doctores no dieron cuando les correspondía. El domingo tendré una exposición.

No debería quejarme, la carrera la escogí yo. Aunque ya no estoy tan segura de seguir.

Me duele la cabeza, me duele la pereza...

Hoy entrevisté, por celular, a un paciente. Me enfoqué más en escucharlo que en hacer su historia clínica (ese era el verdadero motivo de la llamada). Solo quería que se sintiera escuchado, él está pasando por un momento difícil.

—¿Cuál es su especialidad, doctorita?

Risas incómodas.

—Aún estoy en sexto.

—Bueno, pero ¿en qué va a especializarse?

¿Cómo le digo?

—Me gustaría especializarme en psiquiatría.

—Oh, eso está bien. Se nota que usted tiene paciencia.

¿En serio? Será de tantas veces que fui como paciente al servicio de psiquiatría.

—Muchas gracias.

La laringitis crónica puede ser específica e inespecífica; esta última puede ser por causas irritativas (inhalación de gases tóxicos, consumo de tabaco y uso excesivo de la voz). En mi caso, podría tener laringitis crónica inespecífica por uso excesivo de gritos internos, por callar los dolores y ahogar en la garganta los pensamientos.

AMNESIA

Nunca leo lo que escribo, por eso no corrijo mis faltas de ortografía ni sé el contenido anterior. El punto es escribir para olvidar. Aunque en realidad lo único que olvido es lo que escribo, porque recuerdo cada mala experiencia y cada dolor. Cada pensamiento me atormenta, no se van…

Espero que con el tiempo se desvanezcan.

Espero que con el tiempo se vayan.

Espero que con el tiempo pueda olvidar…

ÓBITO

El duelo es un proceso normal por el que se pasa cuando pierdes algo importante: un familiar, un amigo, una mascota... a ti mismo...

Las etapas son: negación (*shock*), ira (frustración), negociación (esperanza), depresión (desesperanza), aceptación (comprensión).

El duelo dura lo que necesites que dure hasta que superes la pérdida. Curiosamente, me perdí a mí misma antes de perder a mi padre, pero no lo había notado. Cuando entré en duelo por la muerte de mi padre, entré en duelo por mí también.

Escribí esto con el propósito de dejar ir mis pensamientos y sentimientos más horribles, abandoné la terapia y usé este escrito como una ayuda. No sé si ayudó o no, pero sé que ya es momento de dejar ir esta etapa.

Si calificara las etapas, con respecto a mi padre estoy iniciando la etapa cinco, pero conmigo estoy a la deriva... y esa etapa no está catalogada.

El dolor no se va, a veces aumenta, a veces es constante... pero nunca disminuye, quizá solo me distraigo.

Este es el último capítulo, empezaré terapia de nuevo. Esta es la última parte; lo inicié y lo termino con lágrimas y un dolor indescriptible, un dolor incoherente.

Si lees esto, me lees en una etapa, una larga y dolorosa. Pero no me conoces, mi yo de ayer y de hoy son diferentes. Mañana, cuando olvide que escribí esto, seré muy diferente, quizá peor...

Quizá leyendo esto entiendas un poco más lo que es sentirse deprimido, lo que es sentirse absurdo. Quizá después de leer esto, ya no vuelvas a decir: «no estés triste», «tienes todo, ¿de qué puedes sentirte mal?», «¿por eso lloras?», «hay gente que sí tiene sufrimientos reales».

Tal vez con las incoherencias que escribí entiendas que hay dolores que no calman con AINEs ni opiáceos, ni siquiera con sedantes... ni siquiera con el dolor físico autoprovocado.

Dos escenarios surgen: el primero es que entiendas que no todos somos tan fuertes como tú, que vemos la vida con colores apagados, incluso a veces en blanco y negro. El segundo, que si sientes que no eres tan fuerte, pues no está mal pedir ayuda, no está mal sentirse mal. Hay personas que entenderemos cuando te sientas vacío, hay personas que te abrazaremos y escucharemos, luego reiremos y buscaremos una solución o al menos un paliativo.

Nunca me han gustado los libros de autoayuda; cuando escribí esto sentí rechazo porque creí que escribía algo parecido. Pero no busco ayudar ni engañar a nadie. Escribo porque necesitaba sacar toda mi mierda interna, y si alguien lo lee, pues es para que sepa que hay personas que se sienten diferente o igual a ti.

Mencioné, varias veces, que no releo lo que escribo. Y es cierto, por eso me disculpo por las faltas de ortografía y transgresiones a la lengua española. *Guiño, guiño.* Pero realmente espero que algún día busques en tu Disco local D, releas estas miserables letras y te respondas (espero que, sin llorar, esta vez).

¿Sigues perdida?
¿Aún duele?
¿Lloras todavía?
¿Amenazas tu vida?
¿Puedes con el día a día?
¿Conseguiste lo que querías?
...

¿Sigues con vida?

EDIQUID

www.ingramcontent.com/pod-product-compliance
Lightning Source LLC
LaVergne TN
LVHW010509160826
845677LV00012B/2744

* 9 7 8 6 1 2 5 1 6 0 8 0 5 *